Neu ist das Lied,
das uns neu macht –
auch wenn es ein ganz altes ist.

Dietrich Bonhoeffer

Gottesklang

Das kleine Liederbuch

Kirchentag Stuttgart 1999
Regionalbüro der Evangelischen Landeskirche
in Württemberg

Kreuz Verlag

Inhalt

1 Ihr seid das Salz, wir sind das Salz

Text: Bibel. Musik: Siegfried Fietz 1998

Morgenlicht

2 Ein Morgen leuchtet hell ins Land

2 Der Morgen ruft mit leiser Stimm: Was Gott dir sagt, o Mensch, vernimm! Höre! Höre, dass dich nichts beschwere. REFRAIN

3 Der Morgen gibt dir weiten Raum. Wach auf, steh auf aus Nacht und Traum. Singe! Singe, dass der Tag gelinge. REFRAIN

Text: Jörg Zink. Musik: Hans-Jürgen Hufeisen 1991

Vorspruch

Die Nacht ist vergangen.
Der Tag ist da.
Lasst uns wachen und nüchtern sein
und ablegen die Träume der Nacht.
Lasst uns leben im Licht
und ihn preisen, unseren Gott.
Vom ersten Morgenlied an
bis zur Ruhe der Nacht.

3 Dich rühmt der Morgen

Text: Jörg Zink. Musik: Giovanni Gastoldi

Psalm

Gott, wir preisen dich.
Du bist der Morgen und der Abend,
der Anfang und das Ende der Zeit.

Wir danken dir für die Ruhe der Nacht
und unsere neu erwachten Kräfte.
Wir legen die Mattigkeit unseres Herzens ab
und öffnen unsere verschlafenen Augen.

Wir sehen um uns her deine Kirche,
die vielen Schwestern und Brüder.
Wir bringen unser Vertrauen und unsere Fröhlichkeit
in ihre Gemeinschaft ein.

Wir suchen die Wahrheit, die uns verbindet.
Wir hören das Wort, das du uns sagst.
Wir geben unsere Antwort
in unserem Wort und in unserer Tat.

Jesus Christus, dem Vorausgänger,
gehen wir nach durch die Tage unseres Lebens.
Wir erwarten unsere Auferstehung
und die Auferstehung der Welt.

Denn bei ihm ist die Quelle des Lebens,
und in seinem Licht schauen wir das Licht,
das über unserem Weg liegen wird,
wenn wir weitergehen in sein Reich.

Gepriesen sei, der da war,
der ist und der sein wird.
In ihm werden wir bleiben in Ewigkeit.

3 Dich rühmt der Morgen

2 Du hast das Leben allen gegeben, gib uns heute dein gutes Wort. So geht dein Segen auf unsern Wegen, bis die Sonne sinkt, mit uns fort. Du bist der Anfang, dem wir vertrauen, du bist das Ende, auf das wir schauen. Was immer kommen mag, du bist uns nah. Wir aber gehen, von dir gesehen, in dir geborgen durch Nacht und Morgen und singen ewig dir. Halleluja.

Gebet

In deinem Licht, Gott,
stehen wir an diesem neuen Tag.

Wir sehen uns um in der Welt,
in die du uns gestellt hast.

Wir sehen die Schönheit und die Weisheit,
die du in alle Dinge gelegt hast.

Wir sehen, was in unserer Welt geschieht,
und erkennen die Aufträge,
die du uns gegeben hast.

4 Heilig bist du

Text: Jörg Zink. Musik: Hans-Jürgen Hufeisen

Gebet

Wir sehen die Not unter deinen Menschen
allüberall. Deine Wahrheit macht uns wach.
So stehen wir auf gegen Unrecht und Gewalt
und für das Leben aller deiner Geschöpfe.

Wir sehen hindurch durch die Dinge dieser Welt,
sehen voraus auf dein Reich
und vertrauen dem Frieden und der Gerechtigkeit,
die du uns vor Augen stellst.

Vor dir, Gott, stehen wir an diesem Tag.
Gib uns deinen Geist und mach uns bereit,
zu tun, was nach deinem Willen ist.
Amen.

4 Heilig bist du

Segen

So spricht Gott dir zu:
Du bist gesegnet.
Ich gebe dir meinen Geist.
Ich mache dich stark,
zu wirken und zu lieben.

Geh nun und tu, was die Liebe dir zeigt.
Ich werde bei dir sein
diesen ganzen Tag. Amen.

5 Laudate omnes gentes

Text nach Psalm 117,1: „Lobet Gott, alle Völker!".

Amen

6 Die güldene Sonne

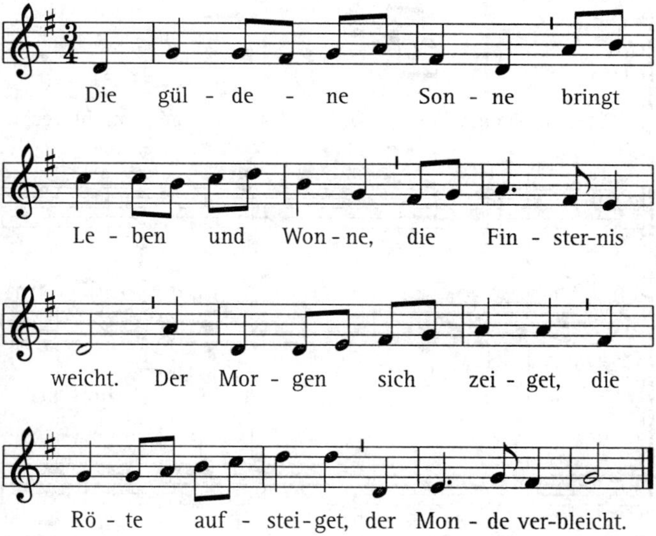

2 Nun sollen wir loben den Höchsten dort oben, dass er uns die Nacht hat wollen behüten vor Schrecken und Wüten der höllischen Macht.

3 Kommt, lasset uns singen, die Stimmen erschwingen, zu danken dem Herrn. Ei bittet und flehet, dass er uns beistehet und weiche nicht fern.

Text: Philipp von Zesen 1641. Melodie: Johann Georg Ahle 1671

7 Es tagt, der Sonne Morgenstrahl

2 Wem nicht geschenkt ein Stimmelein, zu singen froh und frei, mischt doch darum sein Lob darein mit Gaben mancherlei und stimmt auf seine Art mit ein, wie schön der Morgen sei.

3 Zuletzt erschwingt sich flammengleich mit Stimmen laut und leis aus Wald und Feld, aus Bach und Teich, aus aller Schöpfung Kreis ein Morgenchor, an Freude reich, zu Gottes Lob und Preis.

Text und Musik: Werner Gneist

8 Danke für diesen guten Morgen

2 Danke für alle guten Freunde, danke, o Herr, für jedermann. Danke, wenn auch dem größten Feinde ich verzeihen kann.

3 Danke für meine Arbeitsstelle, danke für jedes kleine Glück. Danke für alles Frohe, Helle und für die Musik.

4 Danke für manche Traurigkeiten, danke für jedes gute Wort. Danke, dass deine Hand mich leiten will an jedem Ort.

5 Danke, dass ich dein Wort verstehe, danke, dass deinen Geist du gibst. Danke, dass in der Fern und Nähe du die Menschen liebst.

6 Danke, dein Heil kennt keine Schranken, danke, ich halt mich fest daran. Danke, ach Herr, ich will dir danken, dass ich danken kann.

Ausführung ad lib.: in D beginnen, dann jeden Vers einen halben Ton höher.

Text und Musik: Martin G. Schneider

Altes Salzrezept*

Mit
Honig und Salz
beginnen:
eins gibt den Auftrieb,
das andre den Halt.
Die Mischung muss stimmen.

Nicht zu vergessen
das Wasser,
die Wärme,
die Zeit,
ein gutes Gespür
und das Ungeplante
als Möglichkeit.

Sichtbar am Ende,
geformt und gebacken,
nur Mehl und Schrot.

Doch kann ich
den Anfang noch schmecken
im Brot.

Susanne Brandt-Köhn

*Das Rezept beschreibt Erfahrungen mit der Zubereitung von "Honig-Salz-Teig". Aus einem Gemisch von Honig (für die Lockerung) und Salz (für die Festigkeit), gelöst in warmem Wasser, lässt sich ein Gärprozess in Gang setzen, der beim Brotbacken ein alternatives Verfahren zum Hefe- oder Sauerteig darstellt.

9 Fürchte dich nicht

2 Fürchte dich nicht, getragen von seinem Wort, von dem du lebst. Fürchte dich nicht, getragen von seinem Wort. Von ihm lebst du.

3 Fürchte dich nicht, gesandt in den neuen Tag, für den du lebst. Fürchte dich nicht, gesandt in den neuen Tag. Für ihn lebst du.

Text und Musik: Fritz Baltruweit 1980

mitten unter euch salz

wie jesus sich das vorgestellt hat
mit dem salz

in meinen tränen
von dem schmerz
der verzweiflung
der angst

oder im glänzenden schweiß meiner haut
von hitze, arbeit, aufregung, krankheit

oder vielleicht doch
aus meinem humor, meiner güte,
meinem lächeln, meiner freude

allein, kann es nicht sagen

wenigstens zwei menschen
die einander fragen
wie sie sich das vorstellen
mit dem salz
und miteinander denken
sie selbst wären gott
für diesen einen augenblick
und wüssten es

Klaus Aßhoff

10 Christ ist erstanden

Text: Bayern/Österreich 12. bis 15. Jh. Melodie: Salzburg 1160/1433

11 Das könnte den Herren der Welt

2 Das könnte den Herren der Welt ja so passen, wenn hier auf der Erde stets alles so bliebe, wenn hier die Herrschaft der Herren, wenn hier die Knechtschaft der Knechte so weiterginge wie immer, so weiterginge wie immer.

3 Doch ist der Befreier vom Tod auferstanden, ist schon auferstanden und ruft uns jetzt alle zur Auferstehung auf Erden, zum Aufstand gegen die Herren, die mit dem Tod uns regieren, die mit dem Tod uns regieren.

Text: Kurt Marti. Melodie (nach der Ostermelodie "Christ ist erstanden"): Peter Janssens 1970.

12 Morning has broken

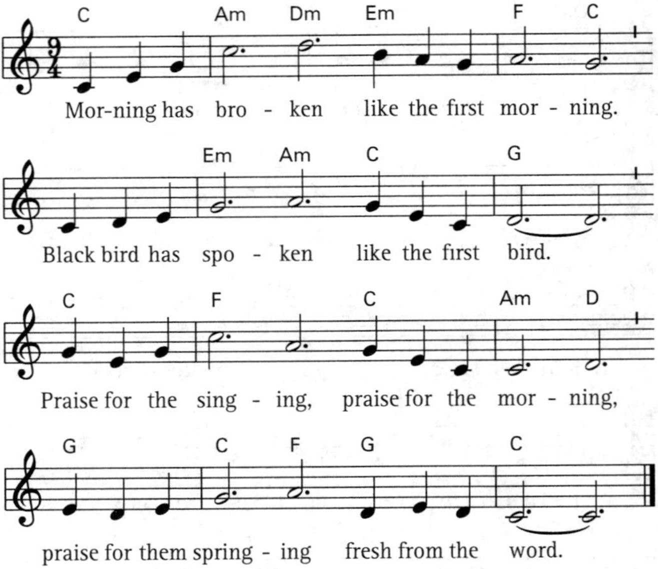

2 Sweet the rain's new fall, sunlift from heaven, like the first dewfall on the first grass. Praise for the sweetness of the wet garden, sprung in completeness where his feet pass.

3 Mine is the sunlight, mine is the morning, born of the one light Eden saw play. Praise with elation, praise ev'ry morning – God's recreation of the new day.

Text: Eleanor Farjeon vor 1933. Melodie: Gälische Volksweise

13 Ausgang und Eingang

Kanon

Text und Musik: Joachim Schwarz 1962

Paradoxon

Geboren, gebunden,
verloren und gefunden,
gehe ich auf klippen,
grenzgänger, der ich bin,
weiß, dass ich nicht falle
aus verborgenem sinn,
rebellische demut
in meinem tornister.

Klaus F. Schmidt-Măcon 1998

Friedensgruß

14 Ihr seid das Salz, das Salz der Erde

2 Dass endlich Hoffnung, Hoffnung blühe, die Liebe Kreise, Kreise ziehe, seid würzig, schmackhaft und auch laut – wer liebt, der hat auf Stein gebaut.

3 Dass endlich Friede, Friede werde, seid ihr das Salz, das Salz der Erde. Bleibet und wachet in dieser Welt wie eine Rose auf weitem Feld.

Text: 1.+2. Strophe: Sybille Fritsch-Oppermann 1998
Text: 3. Strophe und Musik: Hans-Jürgen Hufeisen, 1998

Vorspruch

Wir halten inne mitten am Tag.
Wir unterbrechen unsere Arbeit,
wir unterbrechen unser Denken.
Wir unterbrechen uns selbst.

15 Dona nobis pacem in terra

Text: liturgisch, „Gott gib uns Frieden auf Erden."
Musik: The Iona Community 1987 © Iona Community

Vorspruch

Geh aus, mein Herz,
werde frei von dir
und tritt heraus aus der Gottvergessenheit
ins Licht des Mittags.

15 Dona nobis pacem in terra

Meditation I

Wenn ich ganz still bin,
kann ich von meinem Bett aus
das Meer rauschen hören.
Es genügt aber nicht, ganz still zu sein,
ich muss auch meine Gedanken vom Land abziehn.

Es genügt nicht, die Gedanken vom Festland abzuziehen,
ich muss auch das Atmen dem Meer anpassen,
weil ich beim Einatmen weniger höre.

Es genügt nicht, den Atem dem Meer anzupassen,
ich muss auch Händen und Füßen die Ungeduld nehmen.

Es genügt nicht, Hände und Füße zu besänftigen,
ich muss auch die Bilder von mir weggeben.

Es genügt nicht, die Bilder wegzugeben,
ich muss auch das Müssen lassen.

Es genügt nicht, das Ich zu lassen,
ich lerne das Fallen.

Es genügt nicht, zu fallen,
aber während ich falle
und mir entsinke,
höre ich auf,
das Meer zu suchen,
weil das Meer nun,
von der Küste heraufgekommen,
in mein Zimmer getreten um mich ist.

Wenn ich ganz still bin.

„Konzentrationsübung" aus: dorothee sölle, die revolutionäre geduld.

Zeit der Stille

16 Nada te turbe

Text nach Tereza de Jesùs vor 1582: „Nichts soll dich ängsten, nichts soll dich quälen, wer sich an Gott hält, dem wird nichts fehlen. Dich trägt Gott. Amen." Musik: Jacques Berthier, Taize 1984.

Meditation II

Es steht geschrieben, dass Maria sagte:
„Meine Seele erhebt den Herrn,
und mein Geist freut sich Gottes, meines Heilands,
denn er hat die Niedrigkeit seiner Magd angesehen.
Siehe, von nun an werden mich seligpreisen
alle Kindeskinder."

Heute sagen wir das so:
Meine Seele sieht das Land der Freiheit,
und mein Geist
wird aus der Verängstigung herauskommen.
Die leeren Gesichter der Frauen
werden mit Leben erfüllt,
und wir werden Menschen werden,
von Generationen vor uns, den geopferten, erwartet.

„Meditation über lukas 1" aus: dorothee sölle, die revolutionäre geduld.

17 Ich sing dir mein Lied

Text und Musik: aus Brasilien. Übersetzung: Fritz Baltruweit, Barbara Hustedt

Meditation

Es steht geschrieben dass Maria sagte:
„. . . denn er hat große Dinge an mir getan,
der da mächtig ist
und dessen Name heilig ist,
und seine Barmherzigkeit
währt von Geschlecht zu Geschlecht."

Heute sagen wir das so:
Die große Veränderung,
die an uns und durch uns geschieht,
wird mit allen geschehen – oder sie bleibt aus.
Barmherzigkeit wird geübt werden,
wenn die Abhängigen
das vertane Leben aufgeben können
und lernen, selber zu leben.

17 Ich sing dir mein Lied

2 Ich sing dir mein Lied, – in ihm klingt mein Leben.
Den Rhythmus, den Schwung hast du mir gegeben
von deiner Geschichte, in die du uns mitnimmst,
du Hüter des Lebens. Dir sing ich mein Lied.

Meditation

Es steht geschrieben, dass Maria sagte:
„Er übt Macht mit seinem Arm
und zerstreut die Hochmütigen.
Er stößt die Gewaltigen von ihren Thronen
und die Getretenen richtet er auf."

Heute sagen wir das so:
Wir werden unsere Besitzer enteignen und über die,
die das weibliche Wesen kennen,
werden wir zu lachen kriegen.
Die Herrschaft der Männchen über die Weibchen
wird ein Ende nehmen.
Aus Objekten werden Subjekte werden,
sie gewinnen ihr eigenes, besseres Recht.

17 Ich sing dir mein Lied

Meditation

Es steht geschrieben, dass Maria sagte:
„Hungrige hat er mit Gütern gefüllt
und die Reichen leer hinweggeschickt.
Er denkt der Barmherzigkeit und hat sich
Israels, seines Knechts, angenommen."

Heute sagen wir das so:
Frauen werden zum Mond fahren
und in den Parlamenten entscheiden.
Ihre Wünsche nach Selbstbestimmung
werden in Erfüllung gehen
und die Sucht nach Herrschaft wird leer bleiben.
Ihre Ängste werden gegenstandslos werden
und die Ausbeutung ein Ende haben.

17 Ich sing dir mein Lied

4 Ich sing dir mein Lied, – in ihm klingt mein Leben.
Die Höhen und Tiefen hast du mir gegeben.
Du hältst uns zusammen trotz Streit und Verletzung,
du Freundin des Lebens. Dir sing ich mein Lied.

5 Ich sing dir mein Lied, – in ihm klingt mein Leben.
Die Töne, den Klang hast du mir gegeben
von Zeichen der Hoffnung auf steinigen Wegen,
du Zukunft des Lebens. Dir sing ich mein Lied.

Segen

Gott ist bei dir, auch heute.
Wohin du auch gehst,
Gottes Freude leuchtet vor dir.
Was dir begegnet, irgendwo versteckt sich Gott.
Hab keine Sorge, das Licht macht dich sehen.
Geh hin in Frieden.

18 Du Gott des Friedens / Yarabba ssalami

Text und Musik: Bittruf aus Palästina.
Deutsch: Renate Schiller

Amen

19 Wenn einer alleine träumt

Kanon

Der Kanon klingt stimmenweise aus.

Text: Dom Helder Camara. Musik: Ludger Edelkötter

20 Freunde, dass der Mandelzweig

Text: Shalom Ben-Chorin (1942) 1981 nach Jeremia 1,11
Musik: Fritz Baltruweit 1980.

nachbar

dein totes feld
starrt mich an
die arme haut
rührt mich an

mal sehen ob
ich unauffälig
was rüberwachsen
lassen kann

Hilda Wesle

21 Sister, carry on

2 Sister, don't lose the dream, Sister, don't lose the dream. Don't sell out for no short time gain, Sister, don't lose the dream.

3 Sister, don't settle too soon, Sister, don't settle too soon. Til everybody's got their rights. Sister, don't settle too soon.

4 Sister, we share the way, Sister, we share the way. Heart to heart and hand to hand, Sister, we share the way.

5 Stand in solidarity, stand in solidarity. Together bring a brand new day, stand in solidarity.

6 Sister, don't lose the dream, Sister, don't lose the dream. Don't sell out for no short time gain, Sister, don't lose the dream.

Verse 2–5: Texte rhythmisch frei gestalten.

Text und Melodie: Carolyn Mc Dade.

22 Sanftmut den Männern

Text und Musik: aus Südafrika. Deutsch: Gerhard Schöne 1987.

23 Das Salz der Erde sein

2 Das Salz der Erde sein: Was mein ist, das ist dein, das gilt für groß und klein. Ihr seid das Salz: Gott erhalts!

3 Das Salz der Erde sein: Mal körnig und mal fein, gemeinsam und allein. Ihr seid das Salz: Gott erhalts!

4 Das Salz der Erde sein: Nicht fade, sondern rein, ein kleiner Edelstein. Ihr seid das Salz: Gott erhalts!

Text: Eckart Bücken. Musik: Karl Scharnweber

Wort zum Alltag

Das Salz
der Erde
zu sein

ist kein
Zuckerlecken

Michael Augustin

24 Öffne meine Augen

Es folgt der Schluss mit Amen.

Text: nach Psalm 119,18, Psalm 69,33.
Musik: Friedemann Gottschick 1983.

25 Wo Menschen sich vergessen

2 Wo Menschen sich verschenken, die Liebe bedenken und neu beginnen, ganz neu,
REFRAIN

3 Wo Menschen sich verbünden, den Hass überwinden und neu beginnen, ganz neu,
REFRAIN

Text: Thomas Laubach. Musik: Christoph Lehmann

26 Wir strecken uns nach dir

2 Wir öffnen uns vor dir, in dir wohnt die Wahrhaftigkeit. Wir freuen uns an dir, in dir wohnt die Gerechtigkeit.
REFRAIN

3 Wir halten uns bei dir, in dir wohnt die Beständigkeit. Wir sehnen uns nach dir, in dir wohnt die Vollkommenheit.
REFRAIN

Text: Friedrich Karl Barth. Musik: Peter Janssens

27 Schenk uns Weisheit, schenk uns Mut

2 Schenk uns Weisheit, schenk uns Mut, für die Wahrheit einzustehen und die Not um uns zu sehen. Schenk uns Weisheit, schenk uns Mut.

3 Schenk uns Weisheit, schenk uns Mut für die Zeit, in der wir leben, für die Liebe, die wir geben. Schenk uns Weisheit, schenk uns Mut.

4 Schenk uns Weisheit, schenk uns Mut für die vielen kleinen Schritte, Gott, bleib du in unsrer Mitte. Schenk uns Weisheit, schenk uns Mut.

Text und Musik: Irmgard Spiecker

28 Ich glaube fest, dass alles anders wird

2 Ich glaube fest, dass Gott die Liebe ist und dass er an der Liebe alles misst. Ich glaube fest, das Ziel ist nicht mehr weit, ich hoffe auf die Zeit voll Frieden und Gerechtigkeit.

3 Ich glaube fest an Gott und seine Macht, dass er sein Volk behütet und bewacht. Ich glaube fest, Gott macht die Menschen frei von Schmerzen und Geschrei, und alle Angst ist dann vorbei.

4 Ich glaube fest. Ein neues Lied stimmt an, ein Liebeslied, das jeder singen kann. Ich glaube fest, das Ziel ist nicht mehr weit, ich hoffe auf die Zeit voll Frieden und Gerechtigkeit.

Text: Martin Bogdahn 1990 nach dem Lied aus El Salvador "Yo tengo fé que todo cambiará. Melodie: aus El Salvador.

29 Dona nobis pacem

Kanon

Text: aus dem altkirchlichen „Agnus Dei"; „Gib Frieden".
Melodie: mündlich überliefert

Science fiction

Flug zum Mond, zum Mars, ins All
Bildersturz und freier Fall

Teenagers Wunschtraum
High sein im Weltenraum

Milchstraße blinkt
Co-Pilot winkt

Große Anfrage an KOSMOS
Gibt es dich, BOSS?

Melchior Berton

Abendstern

30 Der Abend kommt

2 Die Nacht ist tief. Sie hält das Herz gefangen. Wo wir auf dunklen Wegen irrgegangen, führ du uns selbst, dass neu dein Tag beginnt und wir von deinem Licht durchdrungen sind.

3 Die Nacht ist bang. Gib uns, dass Frieden werde. Sieh diese arme, leidzerrissne Erde! Du Gott des Friedens, ende allen Streit. Mach uns zu Friedensboten dieser Zeit.

4 Es kommt dein Morgen. Bleib mit deiner Güte bei allen Menschen. Schütze und behüte, was du erschaffen, bis dein Tag anbricht und wir dich schaun, dich und dein helles Licht.

Text: Jörg Zink. Musik: Hans-Jürgen Hufeisen 1991

Vorspruch

Heiteres Licht vom herrlichen Glanze
deines unsterblichen, heiligen
sel'gen himmlischen Vaters:
Jesus Christus.
Dich verherrlichen alle Geschöpfe.

Siehe, wir kommen beim Sinken der Sonne,
grüßen das freundliche Licht des Abends,
singen in Hymnen Gott, dem Vater,
singen dem Sohn und dem Heiligen Geist.

Würdig bist du, dass wir dich feiern
zu allen Zeiten mit heiligen Liedern,
Christus, Sohn Gottes, Bringer des Lebens:
dich lobpreise die ganze Erde. Amen.

31 Meine Hoffnung und meine Freude

Text: nach Jesaja 12. Musik: Jacques Berthier, Taizé, 1988

Gebet

Jesus Christus, du bist das Licht,
das niemals untergeht.
Du bist die Sonne, die nie erlischt.
Geh du in unserem Herzen auf,
wenn es nun um uns dunkel ist.

31 Meine Hoffnung und meine Freude

Meditation

Licht und Finsternis. Bilder unseres Lebens.
Himmel und Erde. Wir stehen dazwischen.

Wir sind Menschen der Erde, fest verwurzelt
im fruchtbaren Erdreich, hineinreichend
in die Feuchtigkeit und Dunkelheit dieser Erde,
aber auch aufrecht stehend, wie ein Baum
mit einer Krone, die sich zum Himmel streckt,
offen für den Himmel, der sich über uns wölbt.

Neuer Himmel und neue Erde,
das ist die große Hoffnung unseres Lebens.
Neues soll werden in unserem verbrauchten Herzen.
Neu wird durch deinen Geist das Antlitz der Erde,
das Antlitz der Menschen, denen wir morgen begegnen
Neu soll werden das Miteinander auf dieser Erde.
Neu wird der Himmel über uns.
Die alten Gottesbilder fallen, die Gottesbilder,
aufgebaut aus unserer Angst und unserem Misstrauen.
Der neue Gott, der Gott Jesu Christi,
der Gott der Liebe und des Lebens,
möge aufgehen über uns.

32 Wir haben nichts auf Erden

2 Wir dürfen alles hoffen, wir sind ein Gottestraum, die Zukunft ist noch offen, der Himmel weiß warum. Aus allen Kreuzen wächst ein Lebensbaum.

3 Wir sollen alles wagen, wir sind vom Tod befreit. Das solln wir weitersagen und singen und verstehn. Die Gotteszeit schützt heute schon Lebenszeit.

Text nach Hebräer 13,14: Sybille Fritsch-Oppermann 1998.
Musik: Karl Scharnweber 1998.

Gebet

Heiliger Gott, wir erwarten eine Erde,
die für alle Menschen Heimat bietet,
die auch künftige Generationen noch ernähren kann,
auf der die Menschen deine Gaben miteinander teilen,
auf der sie auch ihren Lebensraum
miteinander teilen und gestalten.

Wir erwarten einen Himmel,
der mit seinem weiten Horizont
unsere Herzen zu weiten vermag,
der mit seinem Licht alle Finsternis
aus unserem Herzen vertreibt,
der über Guten und Bösen aufgeht,
der auch über unserer Schuld aufgeht
und in uns die Hoffnung weckt auf dich,
der uns einhüllt mit seiner liebenden
und heilenden Gegenwart.

33 Kyrie eleison

Musik: orthodoxe Liturgie aus der Ukraine

Gebet

Barmherziger und guter Gott,
wenn die Nacht nun einfällt über unserer Welt,
wenn es um uns und in uns dunkel wird,
dann lass dein Licht nicht untergehen
in unserem Herzen.
Erleuchte unser Herz mit dem Licht deiner Liebe.
Und schenk uns den Glauben,
dass dein Licht auch über dem neuen Tag leuchten wird,
dass mit dem Anbruch des Tages
dein ewiger Himmel aufgeht
über unserer Erde
und sie erneuert
durch die Frische deines göttlichen Lebens.

33 Kyrie eleison

Gebet

Wir übergeben dir am Abend dieses Tages
was wir erlebt haben, was wir getan
und was wir unterlassen haben,
was uns gelungen und was uns misslungen ist,
unsere Worte und unsere Begegnungen.
Wir vertrauen darauf, dass du alles,
was wir dir überlassen,
in Liebe aufnimmst und es verwandelst,
damit wir morgen
als neue Menschen aufstehen dürfen.

33 Kyrie eleison

Gebet

Dein Sohn Jesus Christus ist hinabgestiegen
in das Grab unserer Angst und unserer Dunkelheit
und er ist auferstanden.
Lass uns morgen mit ihm auferstehen zu neuem Leben.
Befreie uns von altem Ballast,
damit wir in der Freiheit deiner Auferstehung aufstehen
und die Neuheit deines ewigen Lebens erspüren.

34 Amen

Kanon

Musik: Königliche Abteil Westminster, 17. Jahrh.

Segen

Der barmherzige und gute Gott segne euch.
Er segne euch durch Jesus Christus,
die Sonne, die niemals untergeht.
Jesus Christus gehe als Licht auf in euren Herzen,
wenn es Nacht wird um euch herum.
Er sei bei euch als das Vertrauen,
dass morgen ein neuer Anfang für euch möglich ist.
Er sei in euch als die Sehnsucht,
dass euch morgen ein neuer Himmel
und eine neue Erde erwarten.
Er sei bei euch als die Liebe,
die alles Verhärtete wieder zum Leben weckt.
Er sei bei euch als die Barmherzigkeit,
die euch mit eurer Armut in das Herz seiner Liebe aufnimmt.
Jesus Christus sei bei euch mit seinem weiten Herzen,
das eure leeren Hände mit dem Reichum
seines ewigen Lebens füllt.
Das gewähre euch der gütige und barmherzige Gott. Amen.

34 Amen

35 Nun ruhen alle Wälder

Text: Paul Gerhardt 1647. Melodie: Heinrich Isaac (vor 1450–1517).
Satz: Johann Sebastian Bach

36 Gehe ein in deinen Frieden

2 Ihn, um den die Sterne kreisen, ihn, der alle Himmel kennt, preist ihn, der in unsern Nächten heller als die Sonne brennt. Der das Grauen, der den Tod bezwang, beugt sich über unseren Schlaf. Preist den Tag und die Nacht! Preist die Nacht und den Tag! Preist die Sonne, preiset die Erde, preist den Herrn aller Welten. Amen. Amen.

Text Str. 1 Helmut König 1957. Str. 2 Christine Heuser 1966. Melodie: aus Israel „Baa m'mucha la yagaca“. Satz: Hans-Jürgen Hufeisen.

37 Bleibe bei uns, es will Abend werden

2 Bleibe bei uns, wenn der Tag sich endet. Bleibe bei uns, wenn der Tod uns findt. Wenn die Welt sich ins Verderben wendet, gib, dass wir in dir geborgen sind.

3 Bleibe bei uns, dass die Nacht uns hüte, bis das Herz in dir den Morgen fand, dass wir in dir sind, in deiner Güte und in Ewigkeit in deiner Hand.

Text: Jörg Zink. Musik: ostpreußische Volksmelodie

Sein Land

Als er einschlief, erwachte
lautlos sein Land: Sein

Wecker starb den
Heldentod, und seine
Bücher wanderten aus.

Im Frühjahr
begann seine Katze zu stricken,
und seine Birken erlernten
den deutschen Gruß.

Der Verfassungsschutz verhörte
die runden Büsche
vor seinem Haus, und

im Sommer wurde
sein türkischer Maulwurf
im Garten interniert.

Im Herbst
erhielten die Tomaten seines
Nachbarn Parteiverbot, und

sein grüner
Wellensittich wurde
nach Australien deportiert.

Als er erwachte,
war Winter.

Hartmut Merkt

38 Der Mond ist aufgegangen

2 Wie ist die Welt so stille und in der Dämmrung Hülle so traulich und so hold als eine stille Kammer, wo ihr des Tages Jammer verschlafen und vergessen sollt.

3 Seht ihr den Mond dort stehen? Er ist nur halb zu sehen und ist doch rund und schön. So sind wohl manche Sachen, die wir getrost belachen, weil unsre Augen sie nicht sehn.

4 Wir stolzen Menschenkinder sind eitel arme Sünder und wissen gar nicht viel. Wir spinnen Luftgespinste und suchen viele Künste und kommen weiter von dem Ziel.

5 Gott, lass dein Heil uns schauen, auf nichts Vergänglichs trauen, nicht Eitelkeit uns freun; lass uns einfältig werden und vor dir hier auf Erden wie Kinder fromm und fröhlich sein.

6 Wollst endlich sonder Grämen aus dieser Welt uns nehmen durch einen sanften Tod; und wenn du uns genommen, lass uns in' Himmel kommen, du unser Herr und unser Gott.

7 So legt euch denn, ihr Brüder, in Gottes Namen nieder; kalt ist der Abendhauch. Verschon uns, Gott, mit Strafen und lass uns ruhig schlafen. Und unsern kranken Nachbarn auch!

Text: Matthias Claudius 1779. Melodie: Johann Abraham Peter Schulz 1790

39 Herr, bleibe bei uns

Kanon

Zu diesem Kanon kann als vierte Stimme das Lied „Der Mond ist aufgegangen" (Nr. 38) gesungen werden.

Text: Lukas 24,29. Kanon für 3 Stimmen: Albert Thate 1935

40 Der Tag, mein Gott, ist nun vergangen

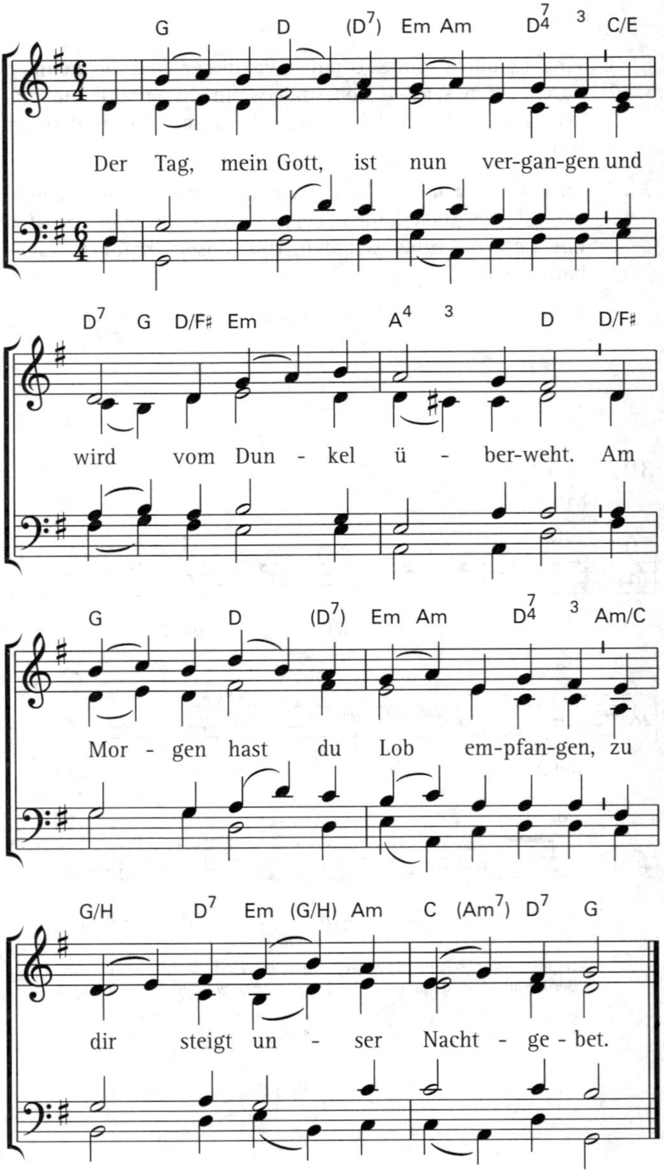

2 Die Erde rollt dem Tag entgegen; wir ruhen aus in dieser Nacht und danken dir, wenn wir uns legen, dass deine Kirche immer wacht.

3 Denn unermüdlich, wie der Schimmer des Morgens um die Erde geht, ist immer ein Gebet und immer ein Loblied wach, das vor dir steht.

4 Die Sonne, die uns sinkt, bringt drüben den Menschen überm Meer das Licht: und immer wird ein Mund sich üben, der Dank für deine Taten spricht.

5 So sei es, Herr: die Reiche fallen, dein Thron allein wird nicht zerstört; dein Reich besteht und wächst, bis allen dein großer, neuer Tag gehört.

Text: Gerhard Valentin 1964 nach dem englischen „The day thou gavest, Lord, is ended" von John F. Ellerton 1870. Melodie und Satz: Clement Cotterill Scholefield 1874

Kinderglaube

Gott meiner Kindheit,
der du die Decke über mich gebreitet,
weit wie der Himmel
über meinen Kindertagen.
Der du die Angst
in Schlaf verwandelt hast,
Alpträume wegtrugst.
Dem Gewissen Ruhe gabst
durch sanften Zuspruch.
In dunklen Nächten
mich nach Hause brachtest.
Wie selbstverständlich
wohntest du in mir.
Heut bist du weit abgerückt,
deine Stimme ist leise geworden.

Friedgund Lapp

41 Kein schöner Land

2 Da haben wir so manche Stund gesessen da in froher Rund und taten singen, die Lieder klingen im Eichengrund.

3 Dass wir uns hier in diesem Tal noch treffen so viel hundertmal: Gott mag es schenken, Gott mag es lenken, er hat die Gnad.

4 Nun, alle, eine gute Nacht! Der Herr im hohen Himmel wacht; in seiner Güte uns zu behüten, ist er bedacht.

Text: vom Niederrhein. Melodie: bei A. v. Zuccalmaglio (1803–1869)

42 Abendstille überall

Kanon

Text (aus dem Dänischen): Fritz Jöde. Musik: H. C. Otto Laub.

Asyl

Den Kindern eine Kirche sein

nachts, wenn ihre verstörten Träume an
unseren Schlaf

anklopfen

Christian Ernst

Schöpfungswunder

43 Als kleiner Stern am Himmelszelt

2 Als wunderbarer Edelstein, der glänzt wie Tau im Sonnenschein, entdeckt der Mensch, ein Mensch zu sein, wächst auf und ist geboren.
Die Liebe ist uns geschenkt von Gott, der unsre Schritte lenkt, der selbst an die Kleinsten denkt, weiß auch um ihre Sorgen.

3 Als Flamme und als Feuersglut, die sich verzehrt und niemals ruht, durchsteht der Mensch mit großem Mut trotz Ängsten die Gefahren.
Die Hoffnung ist uns geschenkt, von Gott, der unsre Schritte lenkt, der selbst an die Kleinsten denkt, kann auch vor Leid bewahren.

Text: Eckart Bücken 1998. Musik: Hans Georg Bertram 1998.

44 Gott, weil er groß ist

Kanon

Text: Johann Scheffler 1657. Kanon: Johannes Petzold 1946

45 Sind so kleine Hände

2 Sind so kleine Ohren, scharf, und ihr erlaubt, darf man nie zerbrüllen, werden davon taub. Sind so schöne Münder, sprechen alles aus. Darf man nie verbieten, kommt sonst nichts mehr raus.

3 Sind so klare Augen, die noch alles sehn. Darf man nie verbinden, könn' sie nichts verstehn. Sind so kleine Seelen, offen und ganz frei. Darf man niemals quälen, gehn kaputt dabei.

4 Ist so'n kleines Rückgrat, sieht man fast noch nicht. Darf man niemals beugen, weil es sonst zerbricht. Grade, klare Menschen wär'n ein schönes Ziel. Leute ohne Rückgrat hab'n wir schon zuviel.

Text und Musik: Bettina Wegner.

46 Jeder Teil dieser Erde

Kanon

2 Jedes Kind dieser Erde ist meinem Volk heilig.

3 Jeder Baum dieser Erde ist meinem Volk heilig.

4 Jedes Tier dieser Erde ist meinem Volk heilig.

Erfinden Sie weitere Verse!

Text: Häuptling Seattle 1854. Musik: Stefan Vesper.

47 Wir sind die Kleinen

2 Wir sind die Kleinen in den Gemeinden, doch ohne uns geht gar nichts, ohne uns gehts schief. Wir sind das Licht in der Nacht der Gemeinde, egal was andre meinen, wir machen mit.

3 Wir sind die Kleinen in den Gemeinden, doch ohne uns geht gar nichts, ohne uns gehts schief. Wir sind die Hefe im Teig der Gemeinde, egal was andre meinen, wir machen mit.

4 Wir sind die Kleinen in den Gemeinden, doch ohne uns geht gar nichts, ohne uns gehts schief. Wir sind der Schatz im Acker der Gemeinde. Egal was andre meinen, wir machen mit.

6 Wir sind die Kleinen in den Gemeinden, doch ohne uns geht gar nichts, ohne uns gehts schief. Wir sind die Kinder im Leben der Gemeinde, egal was andre meinen, wir machen mit.

Text: Jürgen Fliege, Dietmar Fissel. Musik: Holger Clausen

48 Gott gab uns Atem, damit wir leben

2 Gott gab uns Ohren, damit wir hören. Er gab uns Worte, dass wir verstehn. Gott will nicht diese Erde zerstören. Er schuf sie gut, er schuf sie schön. Gott will nicht diese Erde zerstören. Er schuf sie gut, er schuf sie schön.

3 Gott gab uns Hände, damit wir handeln. Er gab uns Füße, dass wir fest stehn. Gott will mit uns die Erde verwandeln. Wir können neu ins Leben gehn. Gott will mit uns die Erde verwandeln. Wir können neu ins Leben gehn.

Text: Eckart Bücken. Musik: Fritz Baltruweit 1982.

49 Großer Gott, wir loben dich

2 Alles, was dich preisen kann, Cherubim und Seraphinen, stimmen dir ein Loblied an, alle Engel, die dir dienen, rufen dir stets ohne Ruh: "Heilig, heilig, heilig!" zu.

3 Heilig, Herr Gott Zebaoth! Heilig, Herr der Himmelsheere! Starker Helfer in der Not! Himmel, Erde, Luft und Meere sind erfüllt von deinem Ruhm; alles ist dein Eigentum.

4 Alle Tage wollen wir dich und deinen Namen preisen und zu allen Zeiten dir Ehre, Lob und Dank erweisen. Rett aus Sünden, rett aus Tod, sei uns gnädig, Herre Gott!

Text: Ignaz Franz 1768 nach dem "Te Deum laudamus" 4. Jh.
Melodie: Lüneburg 1668, Wien um 1776, Leipzig 1819

50 Du meine Seele, singe (Frauenfassung)

Text (nach Paul Gerhardt): Esther Schmid 1988.
Melodie: Johann Georg Ebeling 1666

51 Nun danket alle Gott

2 Der ewigreiche Gott woll uns bei unserm Leben ein immer fröhlich Herz und edlen Frieden geben und uns in seiner Gnad erhalten fort und fort und uns aus aller Not erlösen hier und dort.

3 Lob, Ehr und Preis sei Gott dem Vater und dem Sohne und Gott dem Heilgen Geist im höchsten Himmelsthrone, ihm, dem dreiein'gen Gott, wie es im Anfang war und ist und bleiben wird so jetzt und immerdar.

Text (nach Sirach 50,24–26): Martin Rinckart (um 1630) 1636.
Melodie: Johann Crüger 1647

Ausblick

Ob ich das Alter erreiche
des Birnbaums
der in der neuen Wohnung
das Fenster füllt
was kümmert's mich
da ich seine Früchte
reifen seh hör
wie die Sonne
ins Gras tropft

Kein Gedanke jetzt
an den täglichen Totschlag
hinter den Rippen

Wär ich verwurzelt hier
wüchse dem Himmel ans Herz
Geliebter
ohne Hass hätte ich
offene Ohren für den Wind
der jeden Herbst
einem Starenschwarm
Treue schwört

Aber zu hoch
trag ich den Kopf
in der eigenen Schlinge
mit allen Wassern gewaschen
ein Dreckskerl
der sich zum Atmen
die Luft raubt

Was kümmert es
nach mir den Stein
der Weisen und Toren bleibt
ob schon das Kind meines Sohnes
kaum werde ich weg sein
vom Fenster
ins Leere starrt

Jürgen-Peter Stössel

52 Ich lobe meinen Gott von ganzem Herzen

Text: nach Psalm 9.2–3. Melodie: Claude Fraysse 1976.
Originaltitel: „Je louerai l'Eternel".

53 Geh aus, mein Herz, und suche Freud

2 Ich selber kann und mag nicht ruhn, des großen Gottes großes Tun erweckt mir alle Sinnen; ich singe mit, wenn alles singt, und lasse, was dem Höchsten klingt, aus meinem Herzen rinnen, aus meinem Herzen rinnen.

3 Hilf mir und segne meinen Geist mit Segen, der vom Himmel fleußt, dass ich dir stetig blühe; gib, dass der Sommer deiner Gnad in meiner Seele früh und spat viel Glaubensfrüchte ziehe, viel Glaubensfrüchte ziehe.

4 Mach in mir deinem Geiste Raum, dass ich dir werd ein guter Baum, und lass mich Wurzel treiben. Verleihe, dass zu deinem Ruhm ich deines Gartens schöne Blum und Pflanze möge bleiben, und Pflanze möge bleiben.

5 Erwähle mich zum Paradeis und lass mich bis zum letzten Reis an Leib und Seele grünen, so will ich dir und deiner Ehr allein und sonsten keinem mehr hier und dort ewig dienen, hier und dort ewig dienen.

Text: Paul Gerhardt 1653. Melodie: August Harder vor 1813

der erde

salz werden
für ein menschenmeer
auf dass es trage
alle die leben
in ihm

Christoph Leisten

54 Freuet euch der schönen Erde

2 Freuet euch an Mond und Sonne und den Sternen allzumal, wie sie wandeln, wie sie leuchten über unserm Erdental, über unserm Erdental.

3 Wenn am Schemel seiner Füße und am Thron schon solcher Schein, o was muss an seinem Herzen erst für Glanz und Wonne sein, erst für Glanz und Wonne sein.

Text: Philipp Spitta (1827) 1833. Melodie: Frieda Fronmüller 1928.

Autostop

Auch in den Feldwegen
fand jede Autoschlange
Anschluss an die
nächste.
Alle Ampeln standen
auf Rot.
Die schimpfenden Fahrer
verließen ihre Wagen,
liefen übers Feld
und zertrampelten die
aufgehende Saat.

Carla Bayer-Cornelius

55 Singt das Lied der Freude über Gott

2 Singt das Lied der Freude über Gott! Lobt ihn laut, der euch erschaffen hat. Preist ihn, ihr Gewitter, Hagel, Schnee und Wind. Lobt ihn, alle Tiere, die auf Erden sind: Singt das Lied der Freude über Gott!

3 Singt das Lied der Freude über Gott! Lobt ihn laut, der euch erschaffen hat. Stimmt mit ein, ihr Menschen, preist ihn, groß und klein, seine Hoheit rühmen soll ein Fest euch sein: Singt das Lied der Freude über Gott!

4 Singt das Lied der Freude über Gott! Lobt ihn laut, der euch erschaffen hat. Er wird Kraft uns geben, Glanz und Licht wird sein, in das dunkle Leben leuchtet hell sein Schein: Singt das Lied der Freude über Gott!

Text und Musik: Dieter Hechtenberg 1968

56 Auf und macht die Herzen weit

2 Gottes Wort erschuf die Welt, hat die Finsternis erhellt. REFRAIN

3 Darum macht die Herzen weit, euren Mund zum Lob bereit! REFRAIN

Text: Johann Christoph Hampe (1950) 1969 nach dem englischen "Let us with a gladsome mind" von John Milton 1623. Melodie: nach einem Tempelgesang aus China.

57 Seligpreisungen

Selig sind, die da geistlich arm sind;
denn ihrer ist das Himmelreich.

Selig sind, die da Leid tragen;
denn sie sollen getröstet werden.

Selig sind die Sanftmütigen;
denn sie werden das Erdreich besitzen.

Selig sind, die da hungert und dürstet
nach der Gerechtigkeit;
denn sie sollen satt werden.

Selig sind die Barmherzigen;
denn sie werden Barmherzigkeit erlangen.

Selig sind, die reinen Herzens sind;
denn sie werden Gott schauen.

Selig sind die Friedfertigen;
denn sie werden Gottes Kinder heißen.

Selig sind, die um der Gerechtigkeit willen verfolgt werden;
denn ihrer ist das Himmelreich.

Matthäus 5,3–10. Lutherbibel, revidierter Text 1984,
mit Genehmigung der Deutschen Bibelgesellschaft, Stuttgart

Wenn die ersten beide Noten ausgehalten werden,
erklingt im 3. Takt das "ihr" als 3stg. Akkord.

Text: Matthäus 5,13. Musik: Burkhard Jungcurt 1998

58 Gloria, gloria in excelsis Deo

Kanon

Text: Lukas 2,14 „Ehre sei Gott in der Höhe, Halleluja, und auf der Erde Frieden den Menschen, die guten Willens sind." Kanon: Jacques Berthier, Taizé

Jesu Verheißung wurde zum Fluch

Dort wo einmal
die Erbauer des neuen Paradieses
zum Aufbruch zu neuen Ufern bliesen,
dort, wo einst
das lebendige Wasser des Aralsees*
ans grüne Ufer spülte,
dort, wo sich jetzt
die Salzwüste uferlos ausbreitet,
in Aralsk,
an der verwehten Uferpromenade,
steht zur Salzsäule
erstarrt das Denkmal
des Menschheitsbeglückers.
Der Stumpf seines ausgestreckten Armes
weist weit hinaus
auf den versalzenen ausgedörrten See:
"Ihr seid das Salz der Erde!"

Peter Schütt

*Die UN nennt das Austrocknen des Aralsees "die größte menschengemachte Umweltkatastrophe unseres Jahrhunderts". Der Amur-Daja, der ihn speiste, ist von der Sowjetunion umgeleitet worden. Wo einst See war, erstreckt sich heute eine mit giftigen Chemikalien durchsetzte Salzwüste. Winde tragen den giftigen Staub von dort über ganz Zentralasien. Der Rest des Sees ist ebenfalls versalzen und vergiftet.

Klage und Trauer

59 Wir hüllen unsre Trauer

2 Wir tragen unsre Trauer in dunkelrotem Tuch, wohin es uns auch zieht, wohin wir morgen reisen. Gott schau, schau Gott: ein dunkelrotes Tuch.

3 Wir legen unsre Trauer auf dunkelrotes Tuch, damit ihr Schimmer fällt, damit wir sie betrachten. Gott schau, schau Gott: ein dunkelrotes Tuch.

4 Wir lassen unsre Trauer in dunkelrotem Tuch, damit uns leichter wird, damit wir Hoffnung tragen. Gott bleib', bleib' Gott: ein heller Schein, ein Licht.

Text: Birgit Kley 1998. Musik: Hans-Jürgen Hufeisen 1998.

Chorus ad lib. kann gleichzeitig zum Trauerlied hinzugesungen werden, oder auch nur summen!

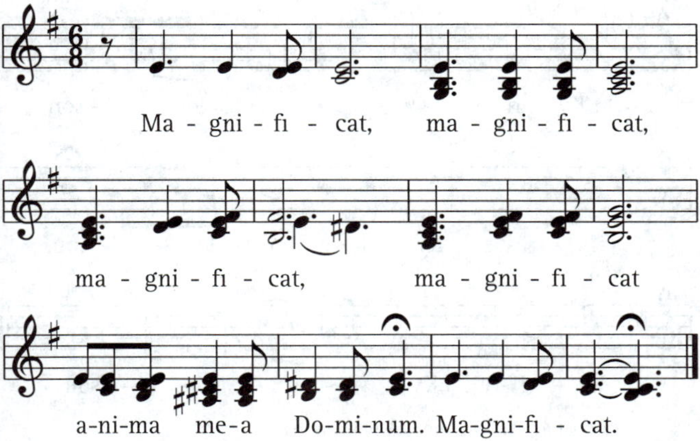

Text (nach Lukas 1): Meine Seele erhebt den Herrn.
Musik: Hans-Jürgen Hufeisen. © Hufeisen-Edition

Die Frau

Ich bin
durch Tausende von Jahren
die Frau
die in den Kriegen starb
die Frau
die ihre toten Kinder barg
und tief in fremde Erde grub
ich bin die Dulderin
die jedes Schicksal trägt
und heimlich nur in Winkeln weint
ich bin die Frau
die früh das Wasser holt
auf weiten Wegen
ich bin die Frau
die durch den Tag zum Abend geht
und einen langen Schatten wirft

Katja Stehli-Christaller

60 Kyrie, Kyrie eleison

Kanon

Text: Liturgie. Musik: mündlich überliefert

61 Weil Gott in tiefster Nacht erschienen

2 Weil Gott in tiefster Nacht erschienen, kann unsre Nacht nicht traurig sein! Bist du der eignen Rätsel müd? Es kommt, der alles kennt und sieht!

3 Weil Gott in tiefster Nacht erschienen, kann unsre Nacht nicht traurig sein! Er sieht dein Leben unverhüllt, zeigt dir zugleich dein neues Bild.

4 Weil Gott in tiefster Nacht erschienen, kann unsre Nacht nicht traurig sein! Nimm an des Christus Freundlichkeit, trag seinen Frieden in die Zeit!

5 Weil Gott in tiefster Nacht erschienen, kann unsre Nacht nicht traurig sein! Schreckt dich der Menschen Widerstand, bleib ihnen dennoch zugewandt!

Refrain nach der 5. Strophe

Text und Musik: Dieter Trautwein 1963

62 Jesu, meine Freude

2 Unter deinem Schirmen bin ich vor den Stürmen aller Feinde frei. Lass den Satan wettern, lass die Welt erzittern, mir steht Jesus bei. Ob es jetzt gleich kracht und blitzt, ob gleich Sünd und Hölle schrecken, Jesus will mich decken.

3 Weicht, ihr Trauergeister, denn mein Freudenmeister, Jesus, tritt herein. Denen, die Gott lieben, muss auch ihr Betrüben lauter Freude sein. Duld ich schon hier Spott und Hohn, dennoch bleibst du auch im Leide, Jesu, meine Freude.

Text: Johann Franck 1653. Melodie: Johann Crüger 1653.
Satz: Johann Sebastian Bach 1723

63 Jesu, meine Freude, Jesu, wahrer Gott

1 Jesu meine Freude, meines Herzens Weide, Jesu wahrer Gott. Wer will dich schon hören, deine Worte stören den gewohnten Trott. Du gefährdest Sicherheit! Du bist Sand im Weltgetriebe. Du mit deiner Liebe.

2 Du warst eingemauert; du hast überdauert Lager, Bann und Haft. Bist nicht tot zu kriegen, niemand kann besiegen deiner Liebe Kraft. Wer dich foltert und erschlägt, hofft auf deinen Tod vergebens, Samenkorn des Lebens.

3 Jesus, Freund der Armen, groß ist dein Erbarmen mit der kranken Welt. Herrscher gehen unter, Träumer werden munter, die dein Licht erhellt. Und wenn ich ganz unten bin weiß ich dich an meiner Seite, Jesu, meine Freude.

Text: Gerhard Schöne

64 Ich lobe meinen Gott, der aus der Tiefe

2 Ich lobe meinen Gott, der mir den neuen Weg weist, damit ich handle. Ich lobe meinen Gott, der mir mein Schweigen bricht, damit ich rede. REFRAIN

3 Ich lobe meinen Gott, der meine Tränen trocknet, dass ich lache. Ich lobe meinen Gott, der meine Angst vertreibt, damit ich atme. REFRAIN

Text: Hans-Jürgen Netz. Musik: Christoph Lehmann

Buttenhausen

Die bemoosten Grabsteine. An der Auffahrt
stand die Synagoge.

Judenkinder, Christenkinder
Himmel und Hölle
und an Ostern
Eierrollen.

An der Lauter das Haus
flatternde Wäsche
dunkelhäutige Kinder.

Bernd Storz

65 Sag mir, wo die Blumen sind

2 Sag mir, wo die Mädchen sind, ...
Männer nahmen sie geschwind. ...

3 Sag mir, wo die Männer sind, ...
Zogen fort, der Krieg beginnt. ...

4 Sag, wo die Soldaten sind ...
Über Gräbern weht der Wind ...

5 Sag mir, wo die Gräber sind ...
Blumen wehn im Sommerwind ...

6 Sag mir, wo die Blumen sind ...
Mädchen pflückten sie geschwind ...

Text und Musik: Pete Seeger. Deutscher Text: Max Colpet

der gefährlichste augenblick im leben eines mannes*

ich weiß nicht die meisten sind tot obwohl
man es ihnen kaum ansieht

der erste verlor den verstand sie hatten ihm
die liebe ausgeredet da hat auch gott verloren

der zweite konnte aus dem grund zuletzt nur
ein auge bewegen er verließ sich ganz auf
die andern sie sorgten für sich

der dritte stirbt daran jede nacht

du bist verhungert

der letzte überlegt noch bevor er die
welt aus den händen gibt

*Zitat nach César Vallejo

Margot Ehrich

66 Ihr seid das, ihr seid das Salz dieser Erde

2 Menschen ohne Arbeit fühlen sich oft leer, haben an der „Freizeit" keine Freude mehr. Wie auf Abstellgleisen lässt man sie allein und lässt sie verwaisen, da muss Salz hinein. REFRAIN

3 Menschen ohne Heimat kennen sich nicht aus, suchen hier bei uns Rat und auch ein Zuhaus. Doch wir lassen keinen mehr zu uns herein, gleichen harten Steinen, da muss Salz hinein. REFRAIN

4 Schau, wir konsumieren, schmeißen alles weg, und wir produzieren Dreck und nochmals Dreck. Schon das Wort „entsorgen" spricht uns scheinbar frei, doch wer denkt an morgen? Da muss Salz hinein. REFRAIN

5 Jesus will uns wecken, sitzt uns im Genick, will, dass wir anecken und schärft uns den Blick, legt in offne Fragen seinen Finger rein, will, dass wir es wagen, endlich Salz zu sein. REFRAIN

Text und Musik: Clemens Bittlinger 1998.

67 Ich traue Gott

2 Er gibt den Geist mir und das Leben, der Erde Kraft, des Himmels Tau. So geh ich, von ihm selbst umgeben, den Weg, dem ich mich anvertrau.

3 Und wenn einmal die Schatten fallen und find ich keinen sichern Stand, so weiß ich doch: Ich bin mit allen, die leiden, fest in seiner Hand.

4 So will ich bis ans Ende wandern, bis ich die offne Türe find. Der Tisch lädt ein, mich und die andern, die dort mit mir zu Hause sind.

5 Was also soll ich ängstlich sorgen? Ich traue ihm, dass er mich sieht. Ich bin in ihm an jedem Morgen und rühme ihn mit meinem Lied.

Text: Jörg Zink, nach Psalm 23. Musik: Clement Cotteril Scholefield 1874

68 Befiehl du deine Wege

2 Hoff, o du arme Seele, hoff und sei unverzagt! Gott wird dich aus der Höhle, da dich der Kummer plagt, mit großen Gnaden rücken; erwarte nur die Zeit, so wirst du schon erblicken die Sonn der schönsten Freud.

3 Auf, auf, gib deinem Schmerze und Sorgen gute Nacht, lass fahren, was das Herze betrübt und traurig macht; bist du doch nicht Regente, der alles führen soll, Gott sitzt im Regimente und führet alles wohl.

Text: Paul Gerhardt 1653 zu Psalm 37,5
Melodie: Bartholomäus Gesius 1603, bei Georg Philipp Telemann 1730

Anrufung

Wir müssen wieder
die Dome bauen,
den Gott wieder anrufen,
ihn anlocken durch die Behausung
in unserer Mitte.

Jürg Amann

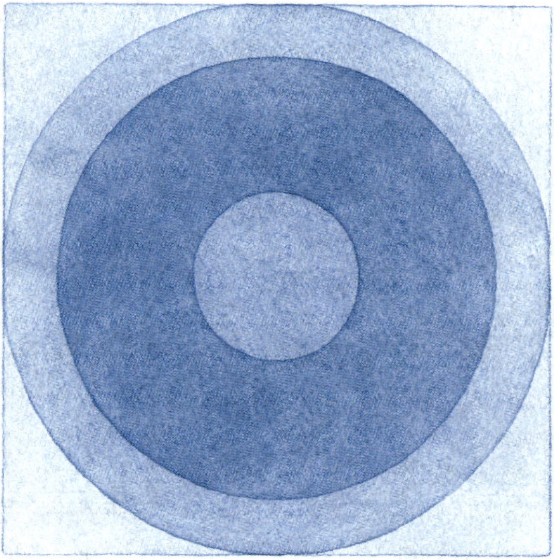

Stille

Vorspruch

Atme Stille,
atme sie hinaus.
Nimm sie auf und lass sie wachsen in dir.
Gib der Ruhe freien Lauf.
Lass sie klingen, lass sie singen.
Öffne deines Herzens Tür.

69 Schweige und höre

Kanon

Deutscher Text: Michael Hermes (nach der Regel des hl. Benedikt)
Musik: aus England.

Nach Psalm 131

Still und ruhig ist mein Herz
wie ein sattes Kind im Arm der Mutter.
Still wie ein solches Kind bin ich geworden.

70 Meine Seele ist stille zu Gott

Kanon

Text und Musik: Communauté de Granchamp

Gebet

Mach in mir deinem Geiste Raum,
dass ich dir werd ein guter Baum
und lass mich Wurzel treiben.
Verleihe, dass zu deinem Ruhm
ich deines Gartens schöne Blum
und Pflanze möge bleiben.

Paul Gerhardt

Meditation in Gesten

Jede Geste braucht ihre Zeit.
Jede Geste fließt durch Bewegung zur nächsten.
So entsteht ein Kreislauf.

2

1

12

1. **Die Begrüßung**
   Wir kreuzen die Hände vor der Brust, verweilen in dieser Haltung und verneigen uns.
2. **Die große Schale**
   Die Handflächen sind nach oben geöffnet. Wir werden zur Schale.
3. **Die kleine Schale**
   Wir empfangen.
4. **Die geöffnete Blüte**
   Sie öffnet sich uns.
5. **Der Dank**
   Die Haltung sammelt unsere Gedanken, sie kommen zur Ruhe.
6. **Das Schmecken**
   Wir schöpfen Wasser und führen die Hände zum Mund wie eine sich drehende Wassermühle.

11

10

9

3

4

7. **Das Riechen**
   Wir führen die Fingerspitzen zur Nase und riechen ihren Duft.
8. **Das Hören**
   Mit den Händen vergrößern wir unsere Ohrmuscheln.
9. **Der Baum**
   Wir werden selbst zum Baum.
   „Mach in mir deinem Geiste Raum."
10. **Die Ruhe**
   Unser Gesicht ruht in unseren Händen.
11. **Die Erde**
   Die Arme strecken sich nach oben. Wir zeichnen von dort einen Bogen von oben nach unten.
12. **Das Amen**
   Die Hände kreuzen sich wieder. Wir verneigen uns.

5

6

7

8

Gebet

Wir entzünden eine Kerze
für den Norden der Erde.

Wir schauen nach Norden.
Wir sind Kinder der Erde.
Es atmet in uns Gottes Geist.

71 Ruach, atmen und sein

Text: Claudia Ott, Hans-Jürgen Hufeisen.
Musik (nach einer gregorianischen Melodie): Hans-Jürgen Hufeisen

Gebet

Wir entzünden eine Kerze
für den Westen der Erde.

Die Sonne sinkt, immer tiefer,
bis zum Horizont.
So tief neigst du dich, Gott, zu uns.
Lass deinen Geist uns durchströmen
wie eine erfrischende Quelle.

71 Ruach

Gebet

Wir entzünden eine Kerze
für den Süden der Erde.

Aus Feuer entsprang die Welt.
Wir sind brennende Funken aus Gottes Geist.
Schaffe uns neu, Gott, aus deinem heiligen Feuer.
Gib uns Inspiration.

71 Ruach

Gebet

Wir entzünden eine Kerze
für den Osten der Erde.

Im frühen Licht ahnen wir das Kommende.
Aus deiner Kraft, Gott empfangen wir Energie
und steigen auf wie ein Vogel im Wind.

72 Halleluja

Ausführung: Frauenchor, Männerchor oder gemischter Chor
Text und Musik: Orthodoxe Liturgie aus Kiew

Segen

Du Quelle der Kraft, segne uns.
Du Quelle der Liebe, segne uns.
Du Quelle des Ursprungs, segne uns.
Gott, lass uns ein Segen sein für diese Welt.
Amen.

73 Masithi Amen

Text „Singt Amen. Wir preisen Gott."
Musik: Stephan Cuthbert Molefe, Süd-Afrika

Zum Nachdenken

Der Pfarrer ging in seine Kirche und sah dort
einen einfach gekleideten Mann knien.
Er dachte sich nichts dabei,
denn jeden Tag
kommen viele Menschen in seine Kirche,
um dem lieben Gott von ihren Sorgen zu erzählen
oder gelegentlich auch einmal jemand,
um dem lieben Gott zu danken.

Als der Pfarrer nach einer Stunde
seine Kirche wieder verlassen wollte,
sah er den Mann dort immer noch knien.
Er ging zu ihm und fragte ihn:
„Bitte sagen Sie mir, was Sie dem ‚lieben Gott'
eigentlich die ganze Zeit erzählen?"

Daraufhin deutete der Mann auf das Kreuz mit
Jesus Christus und entgegnete:

„Eigentlich gar nichts, Herr Pfarrer.
Ich schaue ihn an,
und er schaut mich an."

Ulrich Stuhlmann

Brot und Wein

74 Gott, ich habe lieb die Stätte deines Hauses

2 REFRAIN
Wort und Sakrament schenkst du den Deinen hier, Brot und Wein des Heils für deine ganze Welt.

3 REFRAIN
Wandle uns, o Gott, der du dich für uns gibst, schenk uns deine Kraft, der du das Leben bist. REFRAIN

Text und Musik: Schwester Gisela Monika Blume CCR 1980.

75 Zieh ein zu deinen Toren

2 Du bist ein Geist der Freuden, von Trauern hältst du nichts, erleuchtest uns im Leiden mit deines Trostes Licht. Ach ja, wie manches Mal hast du mit süßen Worten mir aufgetan die Pforten zum güldnen Freudensaal.

3 Du bist ein Geist der Liebe, ein Freund der Freundlichkeit, willst nicht, dass uns betrübe Zorn, Zank, Hass, Neid und Streit. Der Feindschaft bist du feind, willst, dass durch Liebesflammen sich wieder tun zusammen, die voller Zwietracht seind.

4 Du, Herr, hast selbst in Händen die ganze weite Welt, kannst Menschenherzen wenden, wie dir es wohlgefällt; so gib doch deine Gnad zu Fried und Liebesbanden, verknüpf in allen Landen, was sich getrennet hat.

Text: Paul Gerhardt 1653. Melodie: Johann Crüger 1653

76 Aller Augen warten auf dich

Text: Psalm 145,15.16. Musik: Heinrich Schütz 1657

Frage

Was
wenn der Hunger
sich rüstet
Er gebiert
eine Armee

Was
wenn sie marschiert
nicht fragt nach
verbrieftem
Eigentumsrecht
und der Sicherheitsakte
von Helsinki

Was
wenn nur ein
Gesetz noch gilt:
Hunger?

Katharina Seidel

77 Kommt mit Gaben und Lobgesang

2 Christus eint uns und gibt am Heil seines Mahles uns allen teil, lehrt uns leben von Gott bejaht. Wahre Liebe schenkt Wort und Tat. REFRAIN

3 Jesus ruft uns. Wir sind erwählt, Frucht zu bringen, wo Zweifel quält. Gott, der überall zu uns hält, gibt uns Wort und Brot für die Welt. REFRAIN

Text: Detlev Block 1988 nach dem englischen „Let us talents and tongues employ" von Fred Kaan 1975. Melodie: Doreen Potter 1972 nach einem Volkslied aus Jamaica.

Sanna, sannanina

Text (Hosianna) und Musik: aus Südafrika

79 Korn, das in die Erde, in den Tod versinkt

2 Über Gottes Liebe brach die Welt den Stab, wälzte ihren Felsen vor der Liebe Grab. Jesus ist tot. Wie sollte er noch fliehn? Liebe wächst wie Weizen, und ihr Halm ist grün.

3 Im Gestein verloren Gottes Samenkorn, unser Herz gefangen in Gestrüpp und Dorn – hin ging die Nacht, der dritte Tag erschien: Liebe wächst wie Weizen, und ihr Halm ist grün.

Text: Jürgen Henkys (1976) 1978 nach dem englischen "Now the green blade rises" von John MacLeod Campbell Crum 1928.
Melodie: "Noël nouvelet" Frankreich 15. Jh. Satz: Hans-Jürgen Hufeisen.

Lernziel

sparsamer werden
mit Worten

hinter denen man
zurückbleibt

mit leeren Taten

Erich Pfefferlen

80 Du bist mitten unter uns

2 Alles kommt aus deiner Hand. Du gibst, dass wir weitergeben. Dank sei dir. Du segnest uns. Dank, dir sei Dank. REFRAIN

3 Du bist da für alle Welt. Du rufst sie dir zur Gemeinde. Dank sei dir, der Frieden schafft. Dank, dir sei Dank. REFRAIN

Text: Johannes Jourdan 1998. Musik: Hans-Martin Sauter 1998.

81 Wenn das Brot, das wir teilen

2 Wenn das Leid jedes Armen uns Christus zeigt und die Not, die wir lindern, zur Freude wird, REFRAIN

3 Wenn die Hand, die wir halten, uns selber hält und das Kleid, das wir schenken, auch uns bedeckt, REFRAIN

4 Wenn der Trost, den wir geben, uns weiter trägt und der Schmerz, den wir teilen, zur Hoffnung wird, REFRAIN

5 Wenn das Leid, das wir tragen, den Weg uns weist und der Tod, den wir sterben, vom Leben singt, REFRAIN

Text: Claus-Peter März 1981. Musik: Kurt Grahl 1981.

Ich will heben und tragen, spricht der Herr

Mann auf der Stufe vorm Westportal.
Pffzzss. Schluck. Ah.

Du nimmst jetzt die Wand anlehnen.
Du ziehst jetzt das Bein ran.
Du stehst jetzt auf.
Und der Beutel.

Gehn sie alle vorbei.
Du nicht. Duh nicht!
Du gehst jetzt rein.

Ist ja wirklich offen.
Da gehst du jetzt rein.
'lobt sei Jesus Christus.

Schwere Tür.
Schiebt, die Tür.
Schiebst du gegen.

Dunkel.
Tropft hier was?
Stimme.

Die Pläke von den'
ist hier nicht.
Anders hier.

Du liest jetzt die Zeitung
da vom Tisch.
Du nimmst die jetzt.
Liest die.

„Ich will haben und tragen."
'schrieben
Und: „Erretten."

Also du auch.
Haben und tragen.
Du Jesus Christus, du.

Hier setz ich mich jetzt hin.
Haben hast du wollen.
Tragen hast du müssen.

Wusst ich gar nicht: haben.
Haben die mich erschreckt
mit ihr'm Gepläke.

Kann doch nichts machen.
Nichts tragen.
Mit dem Bein.

Du lieber Herre, du.
Sitzt jetzt hier.
Ein Weilchen.
Und der Beutel.

Büchse Bier auf der Stufe vorm Westportal.

Christoph Carstens

82 Ich bin das Brot, lade euch ein

2 Ich bin die Quelle, schenk mich im Wein. So soll es sein, so soll es sein! Schöpft aus der Fülle, schenkt allen ein. So soll es sein, so soll es sein!

3 Nehmt hin das Brot, trinkt von dem Wein. So soll es sein, so soll es sein! Wenn ihr das tut, will ich bei euch sein. So soll es sein, so soll es sein.

Text: Clemens Bittlinger 1988. Musik: David Plüss 1988

83 Komm, Herr Jesu, sei du unser Gast

Kanon

Text: Brüdergemeine London 1753. Musik: mündlich überliefert

84 Wir haben Gottes Spuren festgestellt

Text: Diethard Zils 1981 nach dem Text von Michael Scouarnec 1972 „Nous avon vules pas de notre Dieu". Musik: Jo Akepsimas 1973.

85 Nehmet einander an

2 Nehmet einander an. Seid das Salz und seid das Licht. Gebet und nehmt. Fremde sind wir nicht. Fremde sind wir nicht in Gottes Stadt.

3 Nehmet einander an. Teilt das Hab und teilt das Gut. Gebt und nehmt. Fremde sind wir nicht. Fremde sind wir nicht in Gottes Land.

4 Nehmet einander an. Lebt den Traum, gebt euch die Hand. Gebt und nehmt. Fremde sind wir nicht. Fremde sind wir nicht in Gottes Welt.

Text: Hans-Jürgen Netz. Musik: Fritz Baltruweit 1992.

86 Brich mit den Hungrigen dein Brot

2 Such mit den Fertigen ein Ziel, brich mit den Hungrigen dein Brot, sprich mit den Sprachlosen ein Wort, sing mit den Traurigen ein Lied.

3 Teil mit den Einsamen dein Haus, such mit den Fertigen ein Ziel, brich mit den Hungrigen dein Brot, sprich mit den Sprachlosen ein Wort.

4 Sing mit den Traurigen ein Lied, teil mit den Einsamen dein Haus, such mit den Fertigen ein Ziel, brich mit den Hungrigen dein Brot.

5 Sprich mit den Sprachlosen ein Wort, sing mit den Traurigen ein Lied, teil mit den Einsamen dein Haus, such mit den Fertigen ein Ziel.

Text: Friedrich Karl Barth 1977. Musik: Peter Janssens 1977

87 Unser Leben sei ein Fest

2 Unser Leben sei ein Fest. Brot und Wein für unsere Freiheit. Jesu Wort für unsere Wege, Jesu Weg für unser Leben. REFRAIN

Text: Str. 1 Josef Metternich u.a., Str. 2 Kurt Rose 1981.
Musik: Peter Janssens.

88 Sende dein Licht und deine Wahrheit

Kanon

Text: nach Psalm 43,3.4. Musik: mündlich überliefert

Philosophie des Salzkorns

ich
Krümel ich
muss nicht
die ganze Welt verändern

da sein muss ich einfach da
wenn man
mich Krümel braucht

Lothar Balzer

Dein Reich komme

89 Dein Reich komme

Text: Sybille Fritsch-Oppermann 1998. Melodie: Hans-Jürgen Hufeisen 1998.
Satz: Helmut Brand 1998.

90 Lass uns den Weg der Gerechtigkeit gehn

2 Dein Reich des Lichts und der Liebe lebt und geschieht unter uns. REFRAIN

3 Wege durch Leid und Entbehrung führen zu dir in dein Reich. REFRAIN

4 Sehn wir in uns einen Anfang, endlos vollende dein Reich. REFRAIN

Text: Diethard Zils, Christoph Lehmann nach dem spanischen „Anunciaremos" von Maria Pilgar Figuera López 1965.
Melodie: Cristóbal Halffter Jimenéz 1965.

91 Ihr seid das Salz als des Lebens Kraft

2 Ihr seid das Licht, wo das Dunkel droht. Dass Erde Himmel werde, seid ihr das Licht der Erde.

3 Ihr seid das Glück in der Zeit der Not. Dass Erde Himmel werde, seid ihr das Glück der Erde.

4 Ihr seid das Lied, singt mit frohem Mut. Dass Erde Himmel werde, seid ihr das Lied der Erde.

5 Salz – das sind wir: Licht und Glück und Lied. Dass Erde Himmel werde, sind wir das Salz der Erde.

Text: Susanne Pertiet/Hans Georg Bertram 1998.
Musik: Hans Georg Bertram 1998.

Ihr seid das Salz der Erde

Uns kann der Spruch
nicht meinen,
wir verwüsten
und zerstören
den Reichtum deiner
Jahrmillionen,
Lebensstern Erde.
Wir verkehren
Segen in Fluch, –
und sind nur Salz
in den Wunden,
die wir dir schlagen.

Doch hin und wieder
sind wir wie von
einem geheimen
Segen beflügelt
und von neuem
Geist ermächtigt
eine widerständige
Würze aus Liebe und Kraft.

Margarete Schultze

92 Suchet zuerst Gottes Reich

2 Lasst Gottes Licht durch euch scheinen in der Welt, dass sie den Weg zu ihm findet und sie mit euch jeden Tag Gott lobt und preist. Halleluja, Halleluja.

3 Ihr seid das Volk, das der Herr sich ausersehn. Seid eines Sinnes und Geistes. Ihr seid getauft durch den Geist zu einem Leib. Halleluja, Halleluja.

4 Ihr seid das Licht in der Dunkelheit der Welt, ihr seid das Salz für die Erde. Denen, die suchen, macht hell den schweren Weg. Halleluja, Halleluja.

5 So wie die Körner, auf Feldern weit verstreut, zu einem Brote geworden, so führt der Herr die zusammen, die er liebt. Halleluja, Halleluja.

Text: mündlich überliefert nach dem englischen „Seek ye first the Kingdom".
Musik: Nach dem Kanon von Johann Pachelbel, 17. Jh., aus den USA 20. Jh.

Brich auf

Brich auf, verlasse,
dreh dich nicht um –
die Heimat hat ausgedient,
eine Zeit, die den Ort
nicht binden kann
an deine Bewegung,
ist mit dir.
Stehe zu Diensten
dem Unbekannten,
dem Anverwandten
deiner Fragen –
sie stehen dir bei.

Barbara Hampel

93 Und des Weinens Stimme wird vergehn

2 Dass die Freude währt in Ewigkeit und der Menschen Leben hundert Jahr. Kaum gesprochen hab ich sie erhört: Eh sie rufen, seht, so bin ich da. REFRAIN

3 Und der Wolf wird weiden bei dem Lamm, Stroh der Löwe fressen wie ein Rind; und von Erde nährt die Schlange sich, und am Loch der Otter spielt das Kind. REFRAIN

Text: Siegfried Macht. Musik: Siegfried Fietz.

Meine Trauer

Meine Trauer brennt
Die Hoffnung geht still
Gott sieht das Irrlicht

Die Tür ist verriegelt
Alles Große schweigt tief
Gott hat den Schlüssel

Die Zeit steht verlassen
Meer, Himmel und Liebe ruhn
Gott atmet aus

Dagmar Schumann

94 Gloria sei dir gesungen

Har - fen und mit Zim - beln schön.
En - gel hoch um dei - nen Thron.
Har - fen und mit Zim - beln schön.
En - gel hoch um dei - nen Thron.
Kein Aug hat je ge - spürt,
kein Ohr hat mehr ge - hört

Text und Melodie: Philipp Nicolai 1598. Satz: Johann Sebastian Bach 1731

95 Wachet auf, ruft uns die Stimme

2 Zion hört die Wächter singen, das Herz tut ihr vor Freude springen, sie wachet und steht eilend auf. Ihr Freund kommt vom Himmel prächtig, von Gnaden stark, von Wahrheit mächtig, ihr Licht wird hell, ihr Stern geht auf. Nun komm, du werte Kron, Herr Jesu, Gottes Sohn! Hosianna! Wir folgen all zum Freudensaal und halten mit das Abendmahl.

Text und Melodie: Philipp Nicolai 1599

nicht vor sehnsucht sterben

nicht vor sehnsucht sterben
sondern leben vor sehnsucht
nach leben

nicht vor liebe irrsinnig werden
sondern wie von sinnen
die irrenden lieben
in ihrer suche
nach leben

nicht vor angst zittern
sondern ruhig werden
vor dem zittern
nach leben

nicht vor hass erkalten
und nicht vor kälte hassen
sondern sich wärmen
und atmen
nach leben

nicht vor schwäche umfallen
sondern aufstehen mit anderen
für den wunsch
nach leben

und manchmal, manchmal weinen
und nicht fassen können
in den verhangenen stunden
das glück
zu leben

Johann Voß

96 O Heilger Geist, kehr bei uns ein

2 Du Quell, draus alle Weisheit fließt, die sich in fromme Seelen gießt: lass deinen Trost uns hören, dass wir in Glaubenseinigkeit auch können alle Christenheit dein wahres Zeugnis lehren. Höre, lehre, dass wir können Herz und Sinnen dir ergeben, dir zum Lob und uns zum Leben.

3 Du süßer Himmelstau, lass dich in unsre Herzen kräftiglich und schenk uns deine Liebe, dass unser Sinn verbunden sei dem Nächsten stets mit Liebestreu und sich darinnen übe. Kein Neid, kein Streit dich betrübe, Fried und Liebe müssen schweben, Fried und Freude wirst du geben.

Text: Michael Schirmer 1640. Melodie: Philipp Nicolai 1599

97 Ins Wasser fällt ein Stein

2 Ein Funke, kaum zu sehn, entfacht doch helle Flammen; und die im Dunkeln stehn, die ruft der Schein zusammen. Wo Gottes große Liebe in einem Menschen brennt, da wird die Welt vom Licht erhellt; da bleibt nichts, was uns trennt.

3 Nimm Gottes Liebe an. Du brauchst dich nicht allein zu mühn, denn seine Liebe kann in deinem Leben Kreise ziehn. Und füllt sie erst dein Leben, und setzt sie dich in Brand, gehst du hinaus, teilst Liebe aus, denn Gott füllt dir die Hand.

Originaltitel: Pass it on. Text und Melodie: Kurt Kaiser. Deutsch: Manfred Siebald.

98 Kommt und lasst uns ziehn

Text und Musik: Bill & Mary Anne Quigley. Deutsch: Gitta Lenschner, JMEM.
Originaltitel: Come and let us go.

99 Es wird sein in den letzten Tagen

2 Es wird sein in den letzten Tagen, so hat es der Prophet geschaut, da wird niemand Waffen mehr tragen, deren Stärke er lange vertraut. Schwerter werden zu Pflugscharen, und Krieg lernt keiner mehr. Gott wird seine Welt bewahren vor Rüstung und Spieß und Speer. REFRAIN

3 Kann das Wort von den letzten Tagen aus einer längst vergangnen Zeit uns durch alle Finsternis tragen in die Gottesstadt, leuchtend und weit? Wenn wir heute mutig wagen, auf Jesu Weg zu gehn, werden wir in unsern Tagen den kommenden Frieden sehn. REFRAIN

Text: Walter Schulz 1963/1987. Melodie: Manfred Schlenker 1985.

Tochter Zion, freue dich

Text: Friedrich Heinrich Ranke 1826. Musik: Georg Friedrich Händel 1747

101 Sanctus

Kanon

Der Kanon klingt stimmenweise aus.

Text und Kanon: mündlich überliefert

102 O Heiland, reiß die Himmel auf

2 O Gott, ein' Tau vom Himmel gieß, im Tau herab, o Heiland, fließ. Ihr Wolken, brecht und regnet aus den König über Jakobs Haus.

3 O Erd, schlag aus, schlag aus, o Erd, dass Berg und Tal grün alles werd. O Erd, herfür dies Blümlein bring, o Heiland, aus der Erden spring.

4 Wo bleibst du, Trost der ganzen Welt, darauf sie all ihr Hoffnung stellt? O komm, ach komm vom höchsten Saal, komm, tröst uns hier im Jammertal.

5 O klare Sonn, du schöner Stern, dich wollten wir anschauen gern; o Sonn, geh auf, ohn deinen Schein in Finsternis wir alle sein.

6 Hier leiden wir die größte Not, vor Augen steht der ewig Tod. Ach komm, führ uns mit starker Hand vom Elend zu dem Vaterland.

7 Da wollen wir all danken dir, unserm Erlöser, für und für; da wollen wir all loben dich zu aller Zeit und ewiglich.

Text: Friedrich Spee 1622. Melodie: Köln 1638, Augsburg 1666.

Anfragen an den Himmel

Hallo, großer Boss!
Ich würde mich gerne einmal mit dir treffen!
Nur so!
Irgendwann! Irgendwo!
Mit dir reden,
über den Wohlstand, die Not,
die dritte Welt,
den Hunger, das Brot!
Über die Verschwendung der Meere,
die bleierne Luft und Schwere,
die sterbende Blätterschere
unserer Bäume!
Über die Kinder auf unserem Planeten!

Komm! Lehre mich wieder das Beten!

Lass mich reden
über die,
die so gern ihre Ellenbogen gebrauchen,
untertauchen!
Über jene, die keinen Job mehr finden!
Über die falschen Propheten,
die den Mammon anbeten,
verblenden,
Hilfslehrern versenden!

Über die,
die nicht mehr die Wahrheit von der Lüge unterscheiden,
den Kleinen immer die Zähne zeigen!
Über die Starken, die immer die Schwachen schlagen,
weiße Westen tragen!
Über all die Dinge auf unserem Planeten!

Komm! Lehre mich wieder das Beten!

Georg Ihmann

103 Vater unser im Himmel, alle Ehre sei dir

Strophe 3

Strophe 4

Text: Matthäus 6,9–13. Musik: Bertold Engel 1998.

104 Vater unser, Vater im Himmel

Textgestaltung und Melodie (nach einem westind. Calypso):
Ernst Arfken 1958.

105 Wenn diese Erd zugrunde geht

Text: Jörg Zink. Musik: J. S. Bach (aus der Matthäus-Passion)

Erwartung

Flüsterndes Morgenrot
vertreibt die
schwerelosen Schatten
der Nacht

Farbige Sphärenklänge
verschlingen
den Lärm
der grauschwarzen Stille

Noch
kämpft die Dunkelheit
gegen das Licht

doch bald schon wird aus
dem rötlichen Silberstreif
ein Leuchtfeuer am Horizont

und das berstende Schweigen
der Nacht
stimmt ein in
Fanfarengesang

und die Alpträume
die uns gequält
sind vergessen

dann Herr
wenn du erscheinst

Elke Endraß

106 We shall overcome

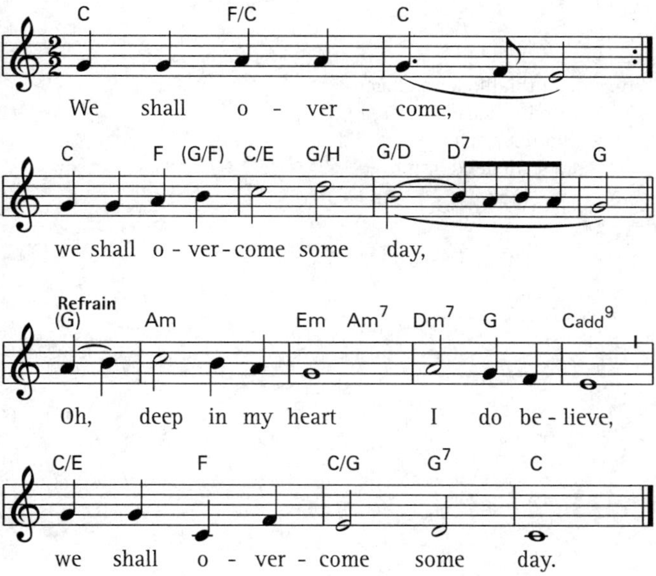

2 We are not afraid,
we are not afraid today.

3 Truth will make us free,
truth will make us free some day.

4 Black and white together,
black and white together some day.

5 We'll walk hand in hand,
we'll walk hand in hand some day.

6 We shall live in peace,
we shall live in peace some day.

Text: Zilphia Horton, Frank Hamilton, Guy Carawan und Pete Seeger 1963 nach „I'll overcome" von Charles Albert Tindley 1901. Musik: Spiritual.

Hoffnung wie Schnee

leicht dahinschmelzend
vergänglich
und dennoch
stets wiederkehrend

Jürgen Völkert-Martin

Segen

107 Gib mir, Gott, ein neues Herz

2 Gib mir, Gott, ein neues Herz, stark, so wird mein Herzschlag stark. Dann strecke ich die Hände aus. Segne mein Herz, meinen Tag.

3 Gib mir, Gott, ein neues Herz, leicht, so leicht wird schwerer Mut. Dann halte ich die Stille aus. Segne mein Herz, sei mir gut.

4 Gib mir, Gott, ein neues Herz, weit, so wird mein Atem weit. Dann singe ich ein helles Lied. Segne mein Herz, meine Zeit.

Text: Birgit Kley 1998. Musik: Hans-Jürgen Hufeisen 1998.

108 Bewahre uns, Gott

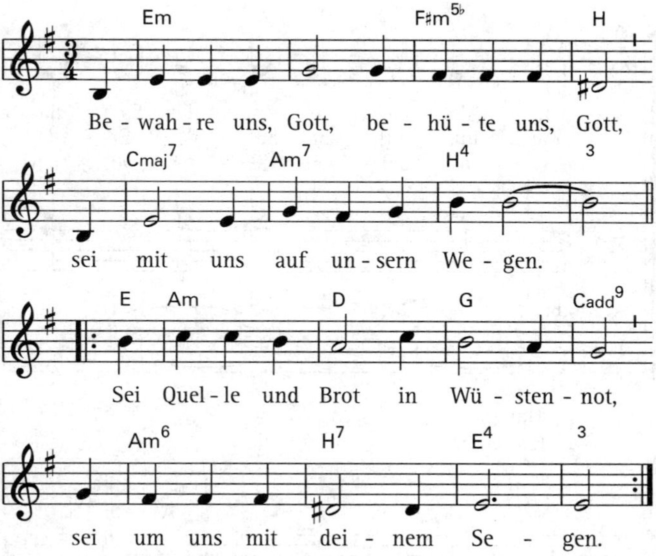

2 Bewahre uns, Gott, behüte uns, Gott, sei mit uns in allem Leiden. Voll Wärme und Licht im Angesicht, sei nahe in schweren Zeiten.

3 Bewahre uns, Gott, behüte uns, Gott, sei mit uns vor allem Bösen. Sei Hilfe, sei Kraft, die Frieden schafft, sei in uns, uns zu erlösen.

4 Bewahre uns, Gott, behüte uns, Gott, sei mit uns durch deinen Segen. Dein Heiliger Geist, der Leben verheißt, sei um uns auf unsern Wegen.

Text: Eugen Eckert (1985) 1987. Melodie: Anders Ruuth (um 1968) 1984
"La paz del Señor"

109 Ihr, ihr seid, ihr seid das Salz

Melodie, Begleitstimmen und beide „ad lib."-Stimmen können jeweils einzeln gesungen oder beliebig kombiniert werden. Die Akkordsymbole nur mitspielen, wenn die gedruckte Begleitung entfällt.

Text (nach Matth. 5,13) und Melodie: Hans-Michael Wünsch 1998.
Satz: Volker Lutz 1998.

Salz

Salz
hat r zu mr gsagt
salz
müssat r sei
ihr christa.

Des stimmt et
han e zu m gsagt
en meiner bibel
steht s anders.
Mr sen salz.

Stimmt
hat r zu mr gsagt
ihr sen salz
on doch sen r s et.
Ihr sen
honig on pfeffer.

Des stimmt et
han e
wolla zu m saga.
Aber
i han nix mehr gsagt.

Manfred Mergel

110 Mögen sich die Wege

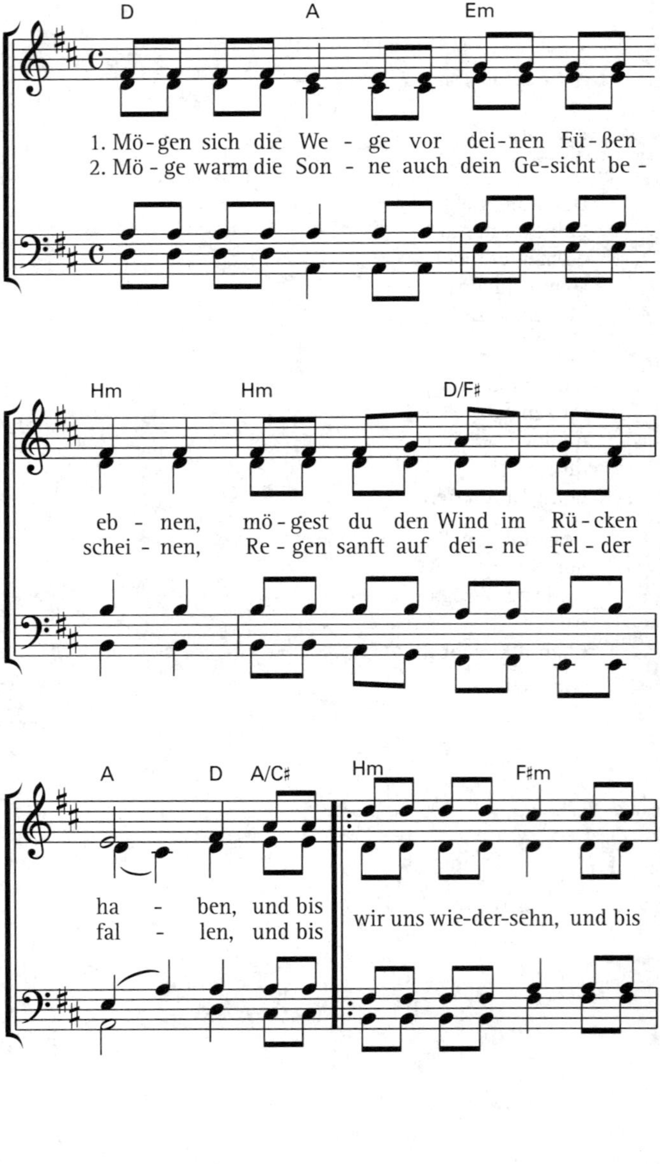

Freie Übertragung eines altirischen Reisesegens:
"May the road rise to meet you,
may the wind be always at your back,
the sun shine warm upon your face,

the rain fall soft upon your fields,
and until we meet again, may God hold you
in the palm of his hand."

Text: Altirischer Reisesegen. Deutscher Text: mündlich überliefert.
Musik: Günter Schwarze. © beim Komponisten

111 Mutter Geist

Kanon

2 Schwester Geist, mit deiner Fröhlichkeit,
Schwester Geist, mach mich stark!

3 Freundin Geist, mit deiner Zärtlichkeit.
Freundin Geist, hüll mich ein!

Text: Sybille Fritsch-Oppermann. Musik: Peter Janssens

112 Ein Licht geht uns auf

2 Ein Licht weist den Weg, der zur Hoffnung führt,
erfüllt den Tag, dass es jeder spürt. REFRAIN

3 Ein Licht macht uns froh, wir sind nicht allein.
An jedem Ort wird es bei uns sein. REFRAIN

Text: Eckart Bücken 1986. Musik: Detlev Jöcker 1986.

113 Bleib mit deiner Gnade bei uns

Text und Musik: Jacques Berthier, Taizé, 1982

114 Vertraut den neuen Wegen

2 Vertraut den neuen Wegen und wandert in die Zeit! Gott will, dass ihr ein Segen für seine Erde seid. Der uns in frühen Zeiten das Leben eingehaucht, der wird uns dahin leiten, wo er uns will und braucht.

3 Vertraut den neuen Wegen, auf die uns Gott gesandt! Er selbst kommt uns entgegen. Die Zukunft ist sein Land. Wer aufbricht, der kann hoffen in Zeit und Ewigkeit. Die Tore stehen offen. Das Land ist hell und weit.

Text: Klaus Peter Hertzsch 1989. Melodie: 16. Jh.

115 So komm und segne diesen Tag

Text: Jörg Zink. Musik: J. S. Bach (aus dem Weihnachtsoratorium)

116 Der Herr hat seinen Engeln befohlen

Kanon

Musik: Götz Wiese 1992. © beim Komponisten

117 Das wünsch ich sehr

Kanon

Text: Kurt Rose. Musik: Detlev Jöcker

118 Du stellst meine Füße auf weiten Raum

Kanon

Text: Psalm 31,9b. Musik: Helga Mantels, Kaiserswerther Verband 1982

Die Lieder in alphabetischer Reihenfolge

Das Liederbuch entstand auf Wunsch des Deutschen Evangelischen Kirchentages durch die Mithilfe zweier Ausschüsse „Lyrik" und „Lieder". Die Evangelische Landeskirche Württemberg hat dieses Liederbuch für die Teilnehmerinnen und Teilnehmer des 28. Deutschen Evangelischen Kirchentages 1999 in Stuttgart vorbereitet und stellt es ihnen in der Tagungsmappe des Kirchentages zur Verfügung.
Dieses Liederbuch kann auch im Regionalbüro oder im Buchhandel käuflich erworben werden.

Die Lyrik ist aus einem Wettbewerb hervorgegangen, der vom Regionalbüro bundesweit ausgeschrieben wurde. 292 Autorinnen und Autoren haben über 1000 Beiträge eingereicht.

Kirchentag Stuttgart 1999
Regionalbüro der Evangelischen Landeskirche
in Württemberg

Postfach 800669, 70506 Stuttgart, Tel. 0711-78 80 30
Aquarelle: Stefan Kaulbersch
Grafische Gestaltung: enorm, Köln
Satz: Strube Verlag, München
Druck und Bindung: Clausen & Bosse
ISBN 3 7831 1672 4